AF210971

Rhythm of the Night (c) DMR

Gedichte im Fluss

--

Denk-Zettel für den Alltag

2022 und ohne Datumsangaben

Herstellung und Verlag:
BoD – Books on Demand, Norderstedt
ISBN: 9783757802714

01. Januar 2022

Neuanfang

Heute fühlte ich mich
schlecht, Zweifel nagten
an mich, ganz tief. Viele
Fragen bohrten Löcher
in mein Gewissensgerüst.

Ich empfand mich überflüssig,
eitel und ohne Relevanz. Eine
merkwürdige innere Leere. Und

das alles am Neuanfang. Eine
furchtbare Leere, eine tiefe Angst,
die mich ergriffen. Und das am
Neuanfang.

So ist das bisweilen. Gefühle
ergreifen mich, nehmen von mir
Besitz. Auch am Neuanfang.

02. Januar 2022

Fahrt in die Fahrradwerkstatt

Eine Speiche war gerissen. Nach
52 Meilen musste es wohl
geschehen sein. Mit gerissener
Speiche fuhr ich auf den breiten
Straßen meiner Stadt. Oft drei
Bahnen in jeder Richtung.
Meistens hielt ich mich rechts.
Ganz rechts. Der Wechsel

nach links gelang gut; zwischen
den großen Fahrzeugen fühle ich
mich allein. Den linken Arm halte
ich ausgestreckt, als wäre es ein
Baumstamm. Mächtig und stark
versuche ich zu erscheinen. Hier
bin ich oft allein -- als Radfahrer.

Verzichten kann ich dennoch nicht
darauf. Der Sauerstoff, das Grün,
ein bisschen Tierwelt, ich mitten
drin -- selbstwirksam und ohne
Mitgliedschaft in einem Sonst-was-
Sonst-wie-Club.

Ja, so eine Fahrt in die Werkstatt. Ein neues Rad konnte ich dann nicht kaufen. Ich blieb bei meinem Einfach-Alu-Rad mit zwei Gängen hinten. Die 21 Gänge, vorne und hinten, des

neuen Rads ohne Rücktrittbremse brachten mich aus dem Rhythmus: völlig kraftlos strampelte ich mich ab.

Völlig leer guckten mich einige Autofahrer an. Völlig leer wie mein Gang.

03. Januar 2022

Die Knie an der Spüle
wurden mir weich: die
Vorstellung von Rassismus
ergriff mich plötzlich, aber
heftig. Alles schien für einen
unendlichen Moment erdrückend
aussichtslos.

Ja, weiche Knie und heftige
Kopfschmerzen suchten mich
plötzlich heim. Alles schien
sinnlos -- alles in meinem Leben.
Ein unendliches Dickicht von
Lügen wollte mich erdrücken,
war undurchdringlich geworden.

Im Fernsehen lief auch noch eine
Sendung zu Rassismus in Deutschland;
ich hatte sie schon zweimal gesehen.
Ich sah sie bis zum Ende. Es half mir
aber nichts. Fühlte mich hilflos wie
das Opfer einer Verschwörung, einer
angestammten, gewachsenen

Verschwörung:
Gegenwehr sinnlos.

4. Januar 2022

Die Sonne ließ den
Eispanzer aufbrechen.
Es hatte geschneit -- die
Nacht davor. 10 cm. Wir
standen kurz vor einem
Getaway: eine Kurzreise
in die Wildnis West Virginias.

Vibrationen der Hoffnung
erfassten uns am Frühstückstisch
und schon am Abend zuvor. Es
fühlte sich an wie früher. Der
überbordende Wohlstand, die
vielen Reisen, die Sorglosigkeit.
Dem wollten wir uns auch jetzt
hingeben. Sorglos.

Andere Gedanken schossen mir
durch den Kopf: verletzten meine
Ruhe gar. Alte Flashback-Geschichten,
alte vermeintliche Konflikte, an die
sich sonst niemand erinnerte. Nur ich.
Wahrscheinlich.

5. Januar 2022

*Un año más, un
año menos.* -- Das
ist das Rätsel des
Geburtstages. Die
Zunahme und Abnahme
der Lebensjahre in einem
Atemzug.

Eingebettet in die Wildnis
West Virginias durfte ich
heute im Kreise meiner
Liebsten den 59. erleben.
Berauschend schön. Ich
wunderte mich, als ich
verstand, dass 59 Kerzen
eine große Anzahl sind:
dann sollte ich alle 59
gleichzeitig auspusten.
Nach dem dritten Mal

gelang es mir dann. Ein
Hauch Schwefel hing in
der Luft. Gestört hat es

mich jedoch nicht. Es
ging ja. Es ging ja gut.

Dennoch überkam mich
eine Art Traurigkeit; ganz
tief drin in mir. Die Einsicht
der Vergeblichkeit bekämpfe

ich manchmal ganz ohne
Erfolg. Hand in Hand mit der
Vergeblichkeit geht in meinem
Kopf und meinem Herzen die
Endlichkeit einher. Aber was

ist da endlich? Das Ego, die
Gedankenwelt in meinem Kopf, die es
vielleicht so oder ähnlich millionenfach
in anderen Köpfen, anderen Universen

gibt. Also ein Leiden aus einem
Trugschluss?
Darf ich es mir überhaupt anmaßen
zu leiden? Verleidet sich das Leiden
selbst? -- So füllen mich die Gedanken;
die guten, weniger guten, dann auch
bisweilen die ganz dunklen.

6. Januar 2022

Nervzerrüttet sitze ich
da. Es nimmt mich mit.
Es lässt mich nicht los.
Ich warte, warte -- jede
Minute wiege ich im Kopf
ab.

Zu zittern fange ich an.
Kontrollieren, steuern oder
abstellen kann ich es nicht.
Die Knie schlottern. Fast
denke ich an eine hölzerne
Marionette. Bin ich diese
Marionette?

7. Januar 2022

Wünsche

Dürfen Wünsche
Wünsche bleiben?
Wie oft hatte ich
einen Wunsch, der
nach Erfüllung mich
leer zurückließ. Viel
zu oft. Bei drückender

Leere fragte ich mich
dann, wie kam es dazu.
Warum der Wunsch?
Warum die Leere? Galt
es den Wunsch gar zu
verwünschen. Muss ich,

kann ich wunschlos un-
glücklich werden? Treiben
mich meine Wünsche voran?
Und dann, wohin? Ist der
Wunsch lediglich ein Wunsch,
oder dann doch eine Notwendigkeit?

Soll ich mir das Wünschen abgewöhnen;
diese endlose Kette von Wünschen

mich selbst erlösend unterbrechen?
Ist der Wunsch ein Joch? Oder führt
die Unterjochung zum Wunsch? -- Oder
können mich meine Wünsche gar
befreien? Die Verkrustung des Leibes,
der Seele aufbrechen; mir einen
unerwarteten
Atem einhauchen?

Will ich mehr Leben, wenn ich mehr
wünsch?
Oder ist der Wunsch dazu überflüssig, gar
ein Hindernis? Ich wünsche mir zu
springen,
zu vergessen, zu verzeihen, zu lieben,
furchtlos
zu leben, ebenso furchtlos zu sterben --
vielleicht noch mit einem Wunsch.

8. Januar 2022

Wieder sitze ich am
Frühstückstisch. Stille
überflutet meinen Körper,
ein spitzer Tinnitus durch-
bohrt meinen Kopf. Meine
Hände drücken gegen
meine Ohren. Nach einer
Weile ist er weg. Die

Stille jedoch bleibt noch
länger in mir. Das leise
Lachen meiner Tisch-
genossen erleichtert die
stille Tortur der Stille in
mir. Ich bin bei äußerer
Ruhe auf fieberhafter
Such nach dem Sinn. Ob

ich diesen finde, weiß ich
noch nicht. Es bleibt ein
Wagnis. Nervosität kommt
einer Welle gleich in mir
hoch. Ich warte bis zum Abebben.

Merkwürdigerweise sehe ich
ein elendes Ende vor meinen
Augen. Nichts spricht jetzt dafür.
Aber, weiß ich es? Das Ende
macht mir Angst. Ich weiß nicht,

ob es mir gelingen wird. Die
Ungewissheit bleibt drückend
in mir. Der nächste Tinnitus kommt
schon. Ich spüre den Bohrer.

9. Januar 2022

Am Fenster stehe ich
morgens früh. Der
kleine Bambushain grüßt
mich ganz unverdrossen.
Welch Grün, welche Stärke.
Mit etwas Stolz schaue ich
nach draußen. Dann wende

ich den Blick gen Himmel.
Noch grau, liegt die Ansage,
dass es Schnee geben wird,
bereits schwer in meinem Kopf.
Ich male mir die weiße Land-

schaft aus; das Bild gleißt an
meinen Augen vorbei. Nun

sind wir schon seit Stunden
zugeschneit. Alles hat sich in
weiß gekleidet. Alles scheint
heller geworden zu sein.

10. Januar 2022

Immer öfters suche ich
jetzt die Stille. Stille Phasen
werden nach meinem Leben
eine große Rolle spielen. An
diese Stille muss ich mich
gewöhnen. An das kalte
Blau der ewigen Stille.

Kaum etwas gibt mir so viel
Gewissheit wie diese unan-
greifbare Stille. Diese ver-
wurzelte Bewegungslosigkeit
eines inneren Bewegtseins in
der lindernden Abwesenheit
von Klang, Geräusch oder Laut.

11. Januar 2022

Es hatte wieder geschneit.
Eine gute Menge, ausreichend
dick, ausreichend weiß. Eine
große Menge Wasser. -- Einen
Tag später hole ich die Schnee-
schippe. Ein breites Versprechen
Räumkraft. Ich beginne mit

wenig Hoffnung. Aber mit jeder
Bewegung der Schippe gewinne
ich Raum, bis sich in mir ein Gefühl
der kontrollierbaren Sinnhaftigkeit
einstellt. Die große Menge Schnee
lässt mich sogleich die große Menge
Wasser sehen: schwer und dicht, dann
sogleich fließend. So bringt es

Leben und so kann es dieses wieder
zerstören. Meine Klassifikationen ver-
lieren ihre Gültigkeit, unsere und eure
tun dies aber auch. -- Hoffnung im
weißen Schneekleid für wenige, lange
Augenblicke.

12. Januar 2022

30 Jahre – dreißig.
Wie will ich das fassen?
In Tagen, Wochen, Monaten,
Sekunden, Minuten, Stunden
oder will ich die Atemzüge
zählen, die ich machte, die
mich machten? Fange ich bei
den Herzschlägen an, lausche
ich den Herztönen. Denke ich
an all meine Hoffnungen, Wünsche,

Enttäuschungen. Bin ich dumpfer,
stumpfer oder heller, hellsichtiger
und ruhiger geworden. Fällt das
Fleisch von mir ab. Lässt die Straff-
heit der Jugend nun doch nach. Und
muss mir dies Sorge bereiten. Bald
werde ich ausgeschlossen: Alter nicht
erwünscht. Sind das dann 30 Jahre; es
kommen noch 29 Jahre hinzu. Oh, das
sind dann fast zweimal 30 Jahre.

Ich rechne, wo ich gar nicht rechnen
muss, will oder kann. 30 Jahre.

13. Januar 2022

Bald zerreißt mich dieses,
dann jenes. Sofort erinnere
ich mich an das nächste. Ver-
weilen, verharren kann ich
kaum. Der Kopf treibt mich
weiter. Und irgendetwas lastet
schwer auf mir. Muss ich mich
quälen, muss ich mich quälen
lassen.

Wieder schaue ich auf die Uhr,
zerreiße selbst die Zeit mit
schnellem Blick. Meine Finger
tippen in aller Eile. Drei Atemzüge
in einem Zug, als wäre ich Ketten-
atmer. Es treibt mich weg, fort; es
reißt mich weg ... ich muss aufstehen;

vielleicht komme ich gleich
wieder, vielleicht auch nicht.

14. Januar 2022

Jeder kleine Schmerz,
jeder Hustenanfall löst
jetzt in mir schlimmste
Befürchtungen aus. Auch
Ermüdung und Schwindel
bremsen mich aus, lassen
mich die Frage stellen:
Delta oder Omikron. Dabei

kommt der Tod immer. Leider
auch immer öfters. Wir
glauben uns mächtig. Es ist
die Illusion der Technik; der
Blick ins Universum, die
Einsicht in die Prozesse. Doch
unsere Definitionen werden
gesprengt: Haupt- und Neben-
prozesse welken dahin in der
indifferenten Sonne. Die Sonne
schalte ich nicht aus; sie schaltet
mich aus oder auch an. Ich kann
mich nur verkriechen in den
filigranen Lebensschatten, in das
Momentane, Temporäre, Ephemere.

Ein Weghuschen, ein Zurückschrecken:
so lebt es sich als Mensch in der viel
beschworenen, häufig vergessenen
Conditio humana -- die Hoffart hat ein
Ende und doch auch immer einen Anfang.

That is: einen neuen. Wir leiden und
vergessen; vergessen, um zu leiden. Ja,

jeder kleine Schmerz.

15. Januar 2022

Was ist das Abspülen für
ein sonderlicher Vorgang,
eine Katharsis, ein Vergessen,
ein Drüberwischen, Hingleiten,
Abgleiten, Durchrutschen; gar
ein Abrutschen in Ermüdungs-
zustände;

ein Wegreiben, Abreiben von
ungeliebten, merkwürdigen, den
Herzinfarkt besingenden Fett-
resten; so geht es ab, scheint's
zu verschwinden. -- Was spüle
ich da tagein, tagaus durch den
Abfluss in die Welt. Einen Rest,
das Ende, Erkenntnisse in Palm-
olive, ungeliebte, da ermüdende
Momente der Muse oder Träume
in Schaum an meinen Händen.

Es muss gemacht werden; jeden
Tag. Ich mache es auch. Abschließend
decke ich wie ein Zuchtmeister den
Frühstückstisch millimetergenau:

Besteck in Silber, Porzellantassen,
Gläser mit Schliff, Vielfalt im Überfluss
in Erwartung großer Kalorienmengen:
das Leben verbraucht sich selbst.

Anschließend wegräumen, aufräumen,
wegstellen, dann abschließend Katharsis
in der Spüle: wegräumen, aufräumen,
wegstellen. Ein Kreislauf, der es in sich
hat.

16. Januar 2022

Mit dem Alter, dem
zunehmenden, so
bemerke ich, nehme
ich alles intensiver,
tiefer, bunter wahr.

Es verwundert mich,
warum ist es so. Soll
sich nicht alles ab-
schwächen -- mit dem
Alter, dem zunehmenden.
Ist es eine Lüge oder
nur eine Erwartungs-
haltung. Habe ich es so
gehört, strenge ich mich
dann an, das Gehörte
Wirklichkeit werden zu
lassen. Meine Wirklichkeit

scheint jedoch anders zu sein:
tiefer, schärfer, farbintensiver,
mikroskopisch genau -- als

müsste ich das Detail im Auge
mitnehmen, es aufsaugen,
bevor doch mein Herz dann
stillsteht; die kleinen Impulse
nicht mehr ihre Arbeit verrichten.

Die zunehmende Schärfe meiner
Wahrnehmung lässt mich dann
länger verharren; jeder Moment
wird dann länger. Als wollte ich
meine letzten Momente in die
Länge ziehen: unendlich lang,
aber auch unendlich kurz, um
dann alle Adjektive abzustreifen,
hinzuwerfen, bis diese funkelnd
auf den Boden fallen ...

17. Januar 2022

Jede Schneeflocke ist
hier eine nationale Krise;
Schnee und Eis legen
uns lahm jedes Jahr, als
wäre jedes Jahr eine
neue Bevölkerung ange-
kommen und müsste neu
angelernt werden. Ein Volk

von Hilfsarbeitern in der
Schneeflockenkrise, Sommer-
reifen mit Hinterradantrieb
das ganze Jahr; so rollt man
in den Graben. Keiner merkt's
in der Heterogenität, der Diversität;
jeder fährt mit seinem eigenen
Karma. Und insgesamt geht es

sogar recht gut. Ich staune auch
jedes Jahr und immer wieder. Es
wiederholt sich halt, als würden wir
jedes Jahr das Drehbuch neu

schreiben und keiner scheint das
neu-alte Drehbuch kennen zu
wollen. So rollt sie hin die gewaltige
Schneeflocke, bis sie alles zudeckt.

18. Januar 2022

Überwältigt unbedeutsam
sitze ich so da, in mich fast
zusammengerollt. Stochere
im Sinn des Lebens, habe
das Gefühl, dass ich zusammen-
gestaucht worden bin. Die
Versicherungsvertreterin hat

es nicht gelernt, mich mal
ausreden zu lassen. Es bleibt
dabei, bestimmte Dinge lassen
sich nicht ausradieren. Wir
vergessen hier nichts. Ich
vergesse es mal einfach. Einfach
weg. Am Ende vergisst sich
das Vergessen auch. Ich muss
nicht auf das Ende der Server
warten. Die Gnade ist in uns
selbst.

Warum ich nervös bin? Weil
man immer nur die Hälfte sieht;
die Hälfte erfährt. Es ist einerlei.
Der Notbehelf ist sich selbst
ein Notbehelf.

Es stellen sich mir so viele Fragen
nach dem Warum, Wieso, Weshalb?
Fragen, die mich aus der Bahn

reißen können, denn Wahrheit
schmerzt; Schmerzen lähmen. Wie
halte ich meinen eigenen Bilanzbuch-
halter still, wie bleibe ich ruhig, wie
vergesse ich die Bilanzen.

Überwältigt unbedeutsam bleibe ich
zurück, als eine Nullstelle ankommend,
als solche gehend.

19. Januar 2022

Kunden rufen an; einfach
so. Ich habe keine Ahnung.
Bleibe aber höflich. Langsam
kommt die Erinnerung. Erkenne
die Parameter, kann die Fragen
dann doch beantworten. Wundersam
wie der Kopf arbeitet; das Herz
wird dann auch erobert.

Vielen Dank für das nette
Gespräch -- so höre ich oft. Was
erleben die Mitmenschen
wohl sonst, frage ich mich
dann. -- In der Ferne höre
ich ganz andere Töne. Tinnitus-
haft durchdringend, unangenehm

spitz.

20. Januar 2022

Jeden Tag erlebe ich dasselbe
Schauspiel: mein Leben ist
durchgetaktet, bin ein festes
Teil eines Mechanismus geworden.
Ich gehorche, da ich losgelöst,
nicht mehr lebensfähig wäre. So
sagt es mir die Erfahrung.

Die Erfahrung des hungrigen
Magens meide ich, da ich diesen
Schmerz nicht will. Da ich den Tod
nicht will. Da ich nicht das Tier
draußen töten und das Tier in mir
drinnen nicht zum Leben erwecken
will. Ein tiefer Instinkt durchwandert
dunkelkanalhaft meine tiefsten Ängste.

Ich esse, verdränge damit die Angst,
bis sie wieder kommt. Die Nahrungs-

aufnahme als ein Akt der Zuversichts-
gewinnung. Stunden später überwältigt
mich die Müdigkeit. Fragen melden sich
in meinem Kopf: Habe ich noch etwas

vergessen? Was steht auf der To-Do-Liste?
Ist der Pendenzenberg abgearbeitet; kann
er es jemals sein? Erfinde ich nicht stets
etwas Neues?

Der Prozess geht weiter. Ausgang
ungewiss.
Ja, jeden Tag. Doch hätte ich diesen „jeden
Tag"
nicht, fehlen würde er mir ja eigentlich nicht,
da ich nicht mehr bin. Nur die lebendige
Vorstellung
vom Fehlen kann mir Schmerzen bereiten.
Der
Rest ist nicht da. Ist nicht da. Ist das das
Schauspiel?

21. Januar 2022

Werde ich meine Stimme
wieder finden. Der Alltag
scheint mich zu zerdrücken.
Jeden Tag die gleichen Bewegungen,
die gleichen Abläufe, gleichen
Wörter ...

Das Klirren der Teller, die Butter
in den Arterien, die gleichen Fragen,
die gleichen Antworten, festgefügt
in Abläufen, Teil eines fremden
unbarmherzigen Systems, Teil
einer Geschichte, einer Verfassung,
von Abläufen, deren Skript ich nicht
schrieb, nicht verstand -- hineingeboren
in einen Strudel, in einen Strom, der
dahinfließt, ohne mich zu fragen.

22. Januar 2022

Kastanienbraunes Frauenhaar
Meereswelle an meiner
Herzwand
Schüreisen der Seele

Benommen stehe ich
da, fast ohnmächtig,
unrasiert, hässlich,
die müden Augen
gucken sich selbst
an -- noch erkenne
ich mich selbst, die
Geisterbilder halten
sich in Grenzen. Doch
bisweilen, ja bisweilen

fühle ich mich dann
doch etwas, etwas zu
sehr entgeistert, ent-
fleischt und filigran,
geradezu pergament-
dünn durchleuchtend,
durchscheinend -- ja
fast nicht mehr da,

nur noch ein Extrakt
Geist aus der Zeit, der
vergangenen.

23. Januar 2022

Geräusche überfallen
meinen Kopf -- meine
Ohren bieten keinen
Schutz. Die Hammer-
wand kommt, dringt
spitz in mich ein. Die
Schläfen zittern erd-
bebenhaft.

Soll ich fliehen, bleiben,
es ausblenden. Ich
verharre all diesen
Einflüssen ausgesetzt.
Ich werde zu einem
Stein -- vom Wind
geschliffen.

24. Januar 2022

Die Müdigkeit meldet
sich bei mir nicht an,
sie erschlägt mich
momentan. Es geschieht
fast marionettenhaft:
mein Kopf fällt zur Seite
weg, dagegen kann ich
mich kaum wehren.

Die Müdigkeit erfüllt mich
mit kritikloser Wärme, ich
sinke weg, gehe ab: wehre
mich nicht dagegen: ich
weiß, es ist so bestimmt
und gut gemeint.

Es ist die lauwarme Stille
vor der eiskalten Schall-
losigkeit, der kleine glückliche
Raum vor der unendlichen
Unkehrbarkeit. Das schwarze
Loch in mir, in uns.

25. Januar 2022

Zu-nett

Sie war so nett, so ganz adrett,
Stand glitzernd zwischen Tür und Angel,
Schoss in meine Seele hinein einen ganz
anderen Aspekt,
Umschloss mich, fesselte mich gleich einem
Engel.

Ich brannte ab in ihren Armen,

Ich glühte durch in ihren Augen,
Sie biss mir ins Ohr, sagte: Carmen,
Ich biss ihr in den Hals, fing an zu saugen.

Ich sagte nichts mehr,
Sie sagte auch nicht mehr viel,
Ich empfand mich ganz leer,
Hat das überhaupt noch Stil.

So lagen wir im Rausch danieder,
Es machte nichts, wir fingen an - mal
wieder.

26. Januar 2022

Ich bin zerrissen, bin
zerhetzt, das Mark bis
auf die feinste Nervenfaser
abgewetzt. Weiß nicht,
wohin es mich führen wird:
zum Höhenflug oder Abgrund.
Kalter Angstschweiß ertränkt
mich in der Nacht.

Bin dann nur getrieben, werde
aufgerieben.

Aufgerüttelt bin ich worden,
andere sind es auch -- auch
die an den Schalthebeln der
Macht, der vermeintlichen. Auf-

gewacht aus Floskeln-Träumen,
aus warmem Wörter-Dampf, aus
der Verachtung des anderen. Es

klirrt jetzt ein helles Glas; Essig-
Wahrheit, bitter-blutig, zermürbter
Stein; es schlagen ein Mörser-
Granaten, es staubt, qualmt,
zerbrennt: todbringendes Ego --

Unverständnis bei dir, bei mir.

Da liegt sie mit ihren Kindern
regungslos, ja - tot. Soll ich es
hinterfragen. Ist das des Wahnsinns
Antlitz, oh schreckenswunderbar.
Ergriff ihn der Wahn, brach es ein
einem Dämon gleich, was wird
aus wahnsinniger Macht, was wird
aus rollendem Feuer, tötender Glut.

So ist des Geistes Wesen, des Geistes
Ansinnen: jetzt einen Augenblick der
Heiterkeit, dann peinlich-tödliches
Besinnen. Nach Tat folgt Scham und
Unverständnis: bei mir, bei dir. Aber
nicht bei ihm. Eiswürfel-stählern-gitterartig-

kalt -- so bleibt er; er der geritten wird
von unheilvollen Kräften, in ganz dunkel-
schwarzen Nächten am Tag und später;
wenn's das s(S)päter dann noch gibt.

Wenn's das Bewusstsein noch erträgt,
halte ich die Augen auf ... Es ist ein
fieberartiges Gefühl; eine unfühlbare
Flut, die mich erstickt. Es ist Angst, es
ist Bangen, gleichzeitig dennoch Be-
freiung. Im Bewusstsein lebend, dass
wir alle Flutopfer sind, relativiert sich
das Schicksal, wenn es auch das Gleiche
bleibt -- letztlich.

Ja, ein Fiebern ergreift mich täglich; die
Zeichen stehen auf Sturm, Feuer und
Verderben. Der Feuerball ist spürbar nah;
alles könnte verglühen, abschließend ver-
gehen. Keiner mehr, der meine oder deine

Zeilen liest. Ohne Leben auf verglühtem
Papier. Ohne jemals dagewesen zu sein.
Aus der Nullstelle in die Nullstelle. Ein Ver-
gessen ohne Bewusstsein. Ein Bewusstsein
ohne Vergessen, ohne Erinnerung, ohne
Sein

-- dahingeschleudert, physikalisch machbar,
menschlich undurchführbar, und doch
durch-
geführt, weil machbar.

Haltung zeigen

Kann ich sie zeigen,
muss ich sie nicht
leben. Geht das: ein
Leben mit Haltung;
die Haltung leben?
Werden die Tränen
nicht stets vertrocknen:
mit oder ohne -- Haltung.
Wer bestimmt, was das
ist? Leben wir nicht im
Universum der großen
verantwortungslosen
Zuhälter, die ihre mit
Ohrclip versehenen
Schützlinge in Blut
prostituieren. Wo lebt
sich die Haltung aus,
wenn der abgelaufene
Perso fast der abgelaufenen
Person gleich kommt. All
die kleinen schmerzenden
Widersprüche, die die Haltung
in der Panzerung der Kanonen
durchlöchern. -- Zerbröselt die
Haltung nicht auf beiden Seiten
der Mauer; zerbröselt sie nicht

in der Schlaflosigkeit meiner Angst;
in den sich selbst verschluckenden
Schreien meiner kalt-schwitzenden
Alpträume. Ertrinkt meine Haltung
nicht in der Befürchtung des Ver-

lustes der eigenen Kinder, im Ange-
sicht des Todes fremder Kinder; im
Angesicht der Unbegreiflichkeit der
Tat? Da steht ein Mensch, da steht
kein Wolf; da steht so ein Mensch
so fern von mir, so fern von dir;
zerreibt ludenhaft mit seinen dicken
Fingern dein Leben, ihr Leben, mein
Leben; zerbrannt, zerbombt, lässt
uns Leichenbilder erblicken;

stapelt tote Menschen optimal
ins Massengrab, fast paletten-
haft: die Worte werden bedeut-
ungslos, ein beliebiges Narrativ:
wie will ich Haltung zeigen, wie
willst es du?

Immer dieselben Fragen ...

Du stellst stets dieselben
Fragen; du bist ein Du,
stehst an vielen Ecken,
wieherst in vielen Stuben.
Wie kommt es, dass es dich
so oft gibt, du hast stets ein
zerquetschtes Gesicht, platte

Nase und Entenschnabel-
Schnarrer-Stimme. Du fragst
so viel und so wenig in
einem Atemzug; deine boden-
losen Fragen rauben mir das
Fundament, vergiften meine
Wurzeln. Bist du wirklich so
ein Idiot oder ist es bloß
Verstellung. Ich bleibe ratlos
zurück -- wie viele andere auch.
Es ist, als wäre die Atmosphäre
voller vorgefertigter Fragen.
Es sind diese Du`s, die sie
aufsaugen, herumtragen und
bei passender Gelegenheit
feurig bekehrend ausspucken.
Selbstherrlich sichere Typen
mit einem leeren Krater im
Kopf;

morgen kommen sie wieder,
stehen da und spucken aus
den giftigen Schleim ihrer
Fragen -- ach, diese Du`s:
sie wird es immer geben,
ich spül`sie runter am

nächsten Morgen nach
durchschwitzter Nacht.

Stille

Wenn ich Stille brauche,
um all die Fragen zu
ertränken. Stille, die
mich leise anschreit und
mit großer Schwingungs-
amplitude wachbrüllt.

Stille, die mich küsst, wenn
der Körper vor Müdigkeit
in sich zusammenbricht.

Stille, die mich umarmt, wenn
der Eismantel mich erdrückt,
wenn die Lava meine Füße
kühlt, wenn der Sternen-
hagel die Löcher in meinem
Kopf füllt.

Stille, die mich laut ausmalt
und mit Pinselstrichen von
innen und außen imprägniert.

Wenn ich dann in der Verzweiflung
Erkenntnis, Trost, Halt, Mut, auch
bisweilen Sinn schöpfe: angelangt
in dieser, meiner, deiner, der die
Welt umspannenden Stille.

Schlug ich dich, als ich
dich streichelte? Als ich
dich wollte, versperrtest
du dich.

Du warst tot, als ich noch
lebte. Deine Wärme ging
an Dritte. Bedeutet habe
ich dir nichts. Das konnte
ich nicht sehen. Verstand
es nicht. Du hattest mich
ausgelacht, bevor wir etwas
wollten -- voneinander. Wir
saßen beieinander, verglühten
ungebändigt. Bedeutungslos
war so alles. Alles verglühte
so im Nichts.

Nichts ist mehr schön.
Schön ist nichts mehr.
Mehr schön nichts ist.
Ist nichts mehr schön.

Irgendwann kommst du
an einem Punkt, an
eine Abzweigung, eine
Gabelung, wo du nicht
mehr du bist. Das ist
der Punkt,

wo du dich brichst, wo
du zerfällst, wo dann
später nur die schmerzende
Erinnerung bleibt. Du

gingst dann weiter an diesen
Punkt, warst nicht mehr du
selbst.

Da sind zwei; die
gehen jeden Tag mit
mir zu Tisch und
auch ins Gericht.
Sie tun es leise,
verdeckt, versteckt,
halb-weise. Schlagen
ohne Kraftaufwand
in mein Gemüt eine
Schneise. Es ist ein
Vorwurf; der ist immer
da -- unausgesprochen,
ganz leise da. Er lässt
sich nicht beseitigen,
denn er ist leise da,
festverankert in der
Anderen Seele. Ach,
der Vorwurf ist ein
Vorurteil. Ja, der Vor-
urteil zum eigenen
Vorteil. Einfach da,
leise, jeden Tag, seit
Jahren; ein Mal dir auf-
gezeichnet, ein Mal dir
eingebrannt, leise; nicht
aufdringlich, nicht laut.
Doch in dir -- da

schreit es laut, da brüllt
es auf, da brennt es,
schmerzt es wie ein
Nervengift -- das Mal
das wir zum Mahl.

Die guten Leute sind alle
schon tot. Und die schlechten
auch. Was macht mich gut, was
schlecht.

Was zwingt mich. Zwinge ich mich
selbst, bezwingt mich etwas
anderes. Wer kann es mir sagen.
Ist es dann immer gültig. Oder hat
es einen Moment später keinen Wert.

Ich taumle vielleicht fremdgesteuert,
von etwas angeheuert? Oder kann ich
es bezwingen; muss ich mich selbst zu
Boden ringen? -- Eine leichte Unruhe

entsteht in mir. Die rollende Walze ich
sehe sie allenthalben: Männer blind in
Bewegung gesetzt, scheinbar blind wie
ihr Stahl; tötend, mordend, meuchelnd;
es ist ein belebtes Ungeheuer: es ist ich,
es ist wir; wir sind es; ich bin es. Wohinein
soll ich mich stürzen: ins Messer, ins
Schwert
oder mit Wut auf Pfützen treten.

Krieg und Frühling

Ist es unausweichlich,
zwanghaft zirkulär --
dem Blühen der Knospe
gleich, dem Zerfall der
Blätter nicht unähnlich.

All diese Fragen, all
das Nachsinnen es
macht mich kirre, es
macht mich stumm.

Völlig erschöpft,
schlief ich heute
hellwach durch
den Tag. -- Ich
wusste gar nicht
mehr wohin mit
meinem alten
Müllsack von
Körper; es war
schwer, schmerz-
haft, bleiern -- nur
kurz sah ich heller,
klarer: es wird nicht
besser werden.

Ich höre einen stummen
Aufschrei in der Apokalypse
unserer Bilder.
Hier und dort ein „Z":
manche buchstabieren „Zulu";
andere ertränkt der Schmerz
wie Trockeneis.

Rollende Ketten, kolonnen-
hafte Stahlwalze; Augen, die
keine Augen mehr sehen, kein
Leid mehr empfinden, ganz
toter Teil ihrer Systeme.

All das dumme,
grundsätzliche
Geschwätz wird
in Plastiktüten
gepackt: schwarze,

körpergroße Plastik-
tüten: eine mit
der Nummer 55.
Es ist Krieg.

Ich bin ein Gast-
arbeiterkind; war
es; meine Eltern
waren Gastarbeiter.
Mutter und Vater
Gastarbeiter. Hier
in Deutschland
Gastarbeiter.

Das Wort Migrant
ist mir zu poliert:
meine Eltern waren
Migranten. Er war
ein Migrant; sie
war eine Migrantin.
Ich bin ein Mensch
mit Migrationshinter-
grund. Ich bin ein
Migrant*innen-Hintergrunds-Kind;
ich war es.

Nun ist das Kind
mutiert; der Hintergrund
bleibt, aber das
Kind ist mutiert.
Den Transnationalen,
den ganz Banalen

hat man nicht akzeptiert;
man hat ihm nicht gehuldigt.

Den Queeren, den Lesben
den Schwulen, den Transgendern,
den Transsexuellen und allen

anderen hat man verziehen.
Aber den Transnationalen?

Ich bin ein Gastarbeiterkind;

ich war es, ich bleibe es. Hört
auf mich zu polieren.

Feuerblitz plötzlich bleich
das Kopfkissen, das Bett
frisch bezogen wird es zum
Grab

Auf behaglichem Laken
liegend, es erwartend,
aber auch es verdrängend,
verglühst du blitzschnell

in der Behaglichkeit deines
Lebens, zerbrichst, zerbröselst,

verbrennst blitzschnell -- null

Bewusstsein, null Sein, null
Nichts -- alles vorbei, blitzschnell.

Die Null als Modalverb gedacht,
im schlimmsten Fall als
Konjunktiv II. Alles vorbei.
Vorbei: alles. Nichts. Null. Null.

Alles Mai

Es geht nicht mehr,
es sollte aber; jedes
Jahr das gleiche
Schauspiel: ungefragt.

Es ist erschöpft,
es sollte nicht; jedes
Mal die gleiche
Leere: ungefragt.

Es blüht noch auf,
es sollte jetzt; jedes
Ding beseelt und
wachsend: ungefragt.

Es reißt mich auf,
es sollte es auch;
jedes Jahr, jedes Mal,
jeden Augenblick: ungefragt.

Es ist eine Ungewissheit in
den Dingen, ein Kopfschmerz
sonderbar; man misst und wird
gemessen; bisweilen fühlt es
sich an -- ganz besessen.

Man hofft und strebt, doch
böse Fratze wartet kaum,
sie schlägt brav zu über'n Saum.
Ja, es ist ein Unbehagen, eine
Angst ganz sonderbar: Es
greifen manche Individuen mit
kalter Arroganz und Zangenblick
in fremde Teller nur so hinein; so
gibt es sie: das geborene Schwein.

Man baut sich auf eine innere
Ferne, lehnt ab zu viel Wärme;
einen undurchschaubaren Wall
man sich wünscht; das unverschämt
Böse innerlich lyncht. Es ist genug,
man will es nicht: man will bei sich
so bleiben; beschützt sich fühlen im
eigenen Reigen.

In den Gesichtern ist kein
Lächeln, in den Adern stark
so viel Nikotin, gelbes Gift
verdorrt die Lippen, in den
Augen keinen Glanz, von
Anbindung kein Zeichen.

Die Bewegungen langsamer,
steifer, unsicherer -- mit leichtem
Schmerz schon gefüllt. Die
Ahnung wird stärker; die Sinn-
fragen häufen sich, verdichten
sich zu einem Ball, einer Kugel,
einer Faust. Unausweichlich. Es
ist bedrückend.

Und so wird bisweilen gefeiert
oder es wird so getan. Es steht
ja im Kalender. Da gibt es den
Termin. Die Dinge ereignen sich
so. Oder so ganz anders. Hier ist
alles vorgegeben. Ein Abweichen
von der Rolle ein Ding der Un-
möglichkeit. Einfach unmöglich.

Neugierige, Vorlaute, Verschämte,
Ankommende, Wegreisende, Tot-
kranke: alle finden sich ein. Am
Stand bleiben sie stehen. Ein
trockner Husten erwürgt mich nun.

Was kann es sein. Nur ein Husten –

oder doch mehr? Nur ein Husten.
Schnell getestet, schnell gewusst.

In vielen Gesichtern ist kein Lächeln;
es ist vielleicht versteckt, vielleicht
verdunkelt. Weiß ich es? Kann ich es
wissen? Es bleibt rätselhaft.

Auf Foren habe ich
keine Lust mehr. Jeder
weiß irgendetwas und
irgendetwas immer besser.

Fremde dringen ein in mein
Gehege, zerstören es --
sang- und klanglos, als
stünde dies ihnen so zu.

Das will ich nicht mehr. Ich
will es nicht mehr. Es ist mir
gleichgültig. Ich lasse sie
links liegen. Sie kümmern
sich nicht um mich. Ich nicht
um sie. Man ist sich gegen-
seitig gleichgültig. Es ist
einerlei. Es hat aufgehört,
weh zu tun. Sie sind erloschen.

Mein Weg verliert sich im
Sand; das Gusseisen zerbröselt,
zerschmilzt zu Körnern; keiner

muss diese Spuren lesen.
Keiner ihnen folgen. Sie
verwischen bei mir, bei ihnen.

Die Gewissheiten von gestern,

sind die Ungewissheiten von heute;
womöglich das Gift von morgen.
Wird es sinnvoll sein, ein Gegen-
gift zu suchen? Ich weiß es nicht.

Strenge mich nicht mehr an. Die
Knochen schmerzen.

Der Herdentrieb ist
unbeirrbar. Auf 20 Meter
wirkt er noch. Immer.

Ein Abstand baut sich
auf. Der Raucher beim
Raucher, der Andere
beim Anderen.

Unvorstellbar präzise,
leicht grausam, bisweilen
tödlich. Einfach so. So ist
der Herdentrieb. Schwing
dich auf etwas, das dich
schleunigst entfernt. Weg
von der Herde.

Vorher war es anders.
Jetzt wurde es begründet.
Deswegen hat es sich
geändert. Die Freundlichkeit

verschwand; dadurch die
Sicherheit erhöht. So meint
man. So meint es der
Fachbereich.

Ja, der Fachbereich muss
es wissen. Es ist genau der
Fachbereich -- Sicherheit.
Sicherheit durch Ausgrenzung.
Viel Feind, viel Sicherheit. Dabei
fällt das Herz ins Bodenlose; die
Vernunft erhängt sich an einer
bleiernen Kordel. Aber was

ist die Vernunft. Ist sie die
Paranoia der Sicherheits-
Dekorateure, all unserer impotenten
Akteure. Schranke, Zaun und
Lederkondom: der Menschheit
blanker Hohn. Ein Judas-Lohn,
ein blasser Jesus Christus, gar ein
blutleerer Gott.

Fort, fort, fort von
diesem stinkenden Ort -- des
Vertrauens Abort. Eingekleidet
in Stumpfsinn, mit jeder Seite
gedruckten Papiers verödet. Ein

vertrockneter Ast, ein totes Herz:
ausgeblutet.

Meine Heimat verlor
ich. Geboren, verfrachtet,

verschickt, wurzellos auf
dieser Erde kann ich hingehen,
wo ich will. Zumindest rein
gefühlsmäßig. Mein Gott,

ich war doch ein spanischer
Junge. Ein Sohn der Halb-
insel mit Kontinentalklima.
Entwurzelt, entzweit -- so
sitze ich jetzt mit tränenden
Augen. Kontrollieren kann
ich es nicht. Fühle ich mich

betrogen, betrunken, angelogen,
seelisch ausgezogen, an den
Pranger Eurer Fragen gestellt,

als lebende Klagemauer: ich
muss weinen. Ich muss weinen.

Ihr befragt mich. Woher nehmt
Ihr die verdammte Befugnis
dazu. Bin ich sichtbar an den
Rand gedrückt; marginalisiert,

als Aktenzeichen ausradiert.
Ich hab's kapiert. Einer verliert.

Der Reim ist verboten. Das Land
ist voller Gebote -- es ist geboten;

es ist verboten. Will ich all dies
wirklich ausloten? -- Der andere;

er merkt es nicht. Er ist blind. Er
muss so sein. Er handelt halt.
Verstellt sich nicht. Ist verortet.
Der Fremdkörper, Fremdling, der
bist du. Nicht er. Dabei bleibt es.

Wen oder was soll ich
betrachten? Wohin soll
ich schauen? Nach oben
zu den anderen, fragend
mich vergleichend. Mit
wem, mit was. Warum?

Es sind Mechanismen zur
Verteilung der Ressourcen:
unser Brandzeichen, das
wir zur Schau tragen nach

außen und innen. Es schmerzt
uns -- vielleicht ganz unnötig.

Konfliktherde, Spannungsfelder
legen sich um mich, um uns. Sie
erdrosseln uns -- ohne Not. Wirklich
ohne Not!? Erwartungen stoßen auf-
einander. Wissend leuchtende Augen
verraten ihren Verrat. Sie sind ein
Bollwerk der Gleichgültigkeit, des
Nichttuns. Ich gehe wieder weg.
Bedanke mich für nichts. Es bleibt
heiße, hohle Luft zurück.

Ich lenke mich ab; betrachte meine
Hand. Entdecke dort auf ihrem Rücken ein
paar blonde Haare. Freudig erkenne
ich mein Erbe: Westgotenkind. Diese
Geschichte ist zu Ende. Und doch lebt
sie noch in dir, in anderen. Nicht jeder
weiß seine Geschichte zu benennen.
Heiße, hohle Luft. Vorbei, gestern schon,
wie lange noch im Heute?

Eure Anspannung überträgt sich auf mich;
das will ich nicht. Bin ich hier, bin ich
dort, gar überall: ein Fremdkörper. Fort
mit diesen Gedanken, mit diesen Spitzen.
Ermüdet nicht am Ende alles?

Ich habe viel Schmerz,

körperlichen,
seelischen Schmerz. Es
tut mir weh. Mein Leben
ertränkt sich darin.
Fraglich ist alles geworden.
Nackt sitze ich auf einer
weißen Klobrille. Alles ist
nun weiß, alles ist nun
leer. Ein französisches
Chanson flammt mir Leben
ein. Noch etwas.

Das Leben ist unfair.
Unfair zu jedem. Das
ist doch auch fair,
oder?

You got things to do ...

Lasse ich mich ablenken,
ich muss noch etwas tun,
gab es da nicht was: die
Rasur, der Film auf Netflix,
einen merkwürdigen Geruch,

einen Fetzen im Gedächtnis:
es huscht so alles vorbei.

Es gibt Dinge -- Dinge, die
erledigt werden müssen; alles

läuft nach Plan; bist du ein
Teil des Plans; ist der Plan
etwa ein Teil von dir? So
bestimmend diese Dinge;
so bestimmend dieser Gang
durchs Leben. Schritt um
Schritt, ahnungslos, verworren,
nie angekommen, nie abgeholt,
der Wind weht um den Häuser-
block, du erfrierst im Sonnenlicht.

Ich möchte einfach nur da sein --

da sein -- ohne Ehrgeiz, ohne
Ambitionen, ohne
Ziel.

Nicht ziellos,
vielleicht -- aber los vom Ziel,
sicherlich.

Mit zugeschlagenen Augen
sehend, schlafend wachend,

eingeschlafen hellwach.

In das Leben eintauchen:
Anfang und Ende vergessend.
Abwesend anwesend.

Im Hagelsturm
möchte ich dich
spüren -- schnell,
tief und unaus-
löschlich. Un-
erwartet wach.

Das Wort ist die
Intimsphäre des
Dichters.

Der Satz ist das
Labyrinth der
Sprachlosen.

Ich möchte fliegen
nach Reykjavik --
niemand kennt
mich in Reykjavik.

Reisen in die
Fremde, um sich
fremd zu bleiben.

Es gibt Schlüssel
für Schlösser, die
es nicht mehr gibt.

Schlüssel ohne
Schlösser. Schlösser
ohne Schlüssel.
Verschlossen. Offen.
Offen. Verschlossen.

Ich vermisse einen Geruch.
Gerüche vermisse ich.
Gerüche der Geborgenheit.
Der Sinnhaftigkeit.

Diese Gerüche, die durch
die Ritzen des Daches
drangen: Licht, Wärme,
Bekanntheit, bewusst-gewusst.

Die Wärme des Geruchs, etwas
Bekanntes -- es lässt dich atmen,
nimmt dir aber auch -- für
Sekundenbruchteile -- den Atem.

Im Speicher unterm Dach, wo
das Korn, das Leben, das
Versprechen lag -- da lag ich auch,
nahm diesen Geruch auf, diesen
Geruch mit. Ein berauschendes
Etwas, ein schützendes Etwas.

Etwas Besseres als
die Ablehnung findet
sich überall.
Krüppel im blauen Dunst.
Gehbehindert. Schlapp. Dahin
gehend. Davon Abstand
nehmend. Sich selbst ab-
lehnend? Jo, etwas
Besseres als das findet sich
überall.

Das Haus ist leer,

treppauf, treppab
ist nichts mehr da.

Die Leere herrscht
Du stehst allein
Verstehst es nicht.

Vor kurzem waren
sie noch hier, wir
waren zu viert. Nun
ist Leere eingekehrt.

Da stehst du. Nur
du -- allein. Was da
ist passiert, in Worte
fasse ich es nicht.

Ich bin beendet,

entsorgt worden. Mit
mir verschwand mein
Kopf, mein Wissen und

Gewissen. Ich bin nicht
mehr. Leere.

Gutartig, bösartig,
unentschieden --
ich entscheide es
nicht. Der Tumor
tut es -- raum-
fordernd.

Raumfordernd für
sich, mich aus-
löschend. Lebt er
denn ohne mich
noch weiter?

Unsinniger Gedanke,
danach und kurz davor
erübrigt sich dieser
Gedanke wohl.

Wir unterscheiden,
obgleich am Ende; ja,
am Ende ist es wohl
gleichgültig.

Alles ist freiwillig,

freiwillig nahm ich
mir den Strick, frei-
willig das Leben.
Alles freiwillig.

Der Grund, der
Boden, die Steuer-
nummern bedeuteten
mir nichts mehr. Sie
hatten mich in einen
numerischen, daten-
bewehrten Käfig
gesperrt. Ich war
erstarrt. Es war vor-
bei für mich.

Alles nur Ablauf,
alles nur Monstranz.

Abgelaufen. Nicht
einmal erfroren. Nur
erstarrt.

Das Salz ging
zu Boden -- rosa-
farben, beste Qualität.
Ich wurde angeschrien:
böse Worte hörte ich.

Ruhig blieb ich. Die
Gewohnheit hatte
mich dazu erzogen.
In meinem Kopf wurden
die Sachen abgewogen.

Es stürzen Dinge, es
fallen Hoffnungen. Es geht
zu schnell. Die böse Absicht
ist immer schon da. Nur
die innere Kontrolle kann
sie überwinden. Aber da ist
sie immer. Die gute Absicht
wird es wohl auch immer
sein.

Beim Schreiben schließe
ich die Augen. Meine Gedanken
schweifen ab. Unterschiedliche
Interessen prallen aufeinander.

Es ist ein Strudel im Kopf. Ich
versuche mich zu fassen.

Ich versuche dies und
jenes. Das Gespräch
verlief gut und schlecht.
Die Fragezeichen bleiben
in meinem Kopf.

An Verschwiegenheit
glaube ich nicht mehr. Nur
Tote schweigen. Aber
bisweilen klopfen die
noch. Es sollen Menschen
auch noch gefoltert
worden sein -- bei hoch
und heilig vorgetäuschter
Schweigepflicht.

Nur das Schweigen
schweigt. Die Pflicht ist
ein Überlegungsmoment.
Und bisweilen vergisst
man sie auch: pflicht-
vergessen. Daran
erinnere ich mich jetzt.

Ich versuche es zu
verstehen. Bin aber
wohl zum Scheitern
verurteilt. Da bekommt
mein Freund, einer meiner
letzten, seine Todes-
Diagnose. So scheint es.

Es fällt wie ein Beil auf
den weichen Boden des
Lebens und schneidet
es durch. Es ist so tödlich
bewusst. Alles findet sein
Ende, aber irgendwo auch
seinen Anfang.

Es schmerzt mich.
Die Erinnerungen
reißen immer wieder
Wunden in mir auf.
Meine Ortsbestimmung
hat kein Ende, an den
Anfang habe ich nur
erzählte Erinnerungen.

Die Wut in der gelebten
Zuhälterei ist groß. Der
Dumme kann ein
geschickter Sklavenhalter
sein. *Dos a uno le meten
la paja en el culo*. Traurige
Wahrheit.

Der Kopfschmerz überfällt
mein Wohlbefinden. Ich falle
dann im freien Fall. Ich ziehe
an der Kette des Spülkastens
und ergieße den Kot über diese
Meute. Teflonstark ignorieren
sie es. Teflonstärker ignoriere
ich es auch.

Am Ende ist die Ignoranz der
kleine Bruder der Lüge. Sie findet
Wohlgefallen bei all diesen
Verkorksten, die da denken: Es
kann nicht sein, was nicht sein
darf.

Es kann nicht sein, was nicht
sein darf; nicht sein darf; nicht
sein darf. Darf nicht sein; darf
nicht sein; nicht sein; nicht sein.
Nicht. Nicht. Nicht.

Ich beuge mich.
Schnüre mir dann
die Schnürsenkel
meiner Stiefel zu:
Lederstiefel, jeden
Tag; imprägniert mit
Obenauf leather wax.
Nur das Beste.

Während ich mich
verbeuge und die Kraft

in mir in die Stiefel
schnüre, höre ich hinter
mir das Leben: Musik,
Sport, Menschen auf
dem Sportplatz hinter
mir.

Wird der Film abreißen;

oder wiederholt er sich
lediglich immer mit
neuen Betrachtern, die
das Alte sehen, ohne es
zu wissen.

Es gibt Tage da
fühle ich mich zer-
trümmert. Wie ein
Tier, das wild durch
die Straßen eines
unbekannten Ortes
getrieben wurde.

Der Finger wird mir
immer in dieselbe
Wunde gelegt. Es
sind Handlungen,
für die sich der Täter

schämen sollte. Aber
der Täter ist ein
Stück Granit. Ein
Produkt seiner
kalten Glaubens-
sätze.

Er reflektiert nicht;
er funktioniert. Ich bin
zertrümmert durch den
Granit -- muss mich aber
wieder fassen, zu Wasser
werden und den Granit
umfließen.

Mir wie Wasser selbst
wieder Leben einhauchen.

Ruhig, rein, geklärt dahin
fließen -- am Granit vorbei.

Ich sitze hier.
Ich tue dies --
wie gefordert.
Dafür rügt er
mich. Dafür lügt
er sich -- an. Na
dann.

Es ist ein giftiges
Gebräu, voller
Drohung und voller
Lug, ein bisschen
Trug -- ach, lug
darein und lug
daraus.

Ich wundere mich
wie tot und ab-
gestochen so
mancher ist: kein
Ausdruck in den
Augen -- alles reiner
Körpereinsatz.

Keinen
Abstand haltend, mir

auf die Pelle gehend,
von hinten nach vorne
rückend,
sich niemals
bückend
-- ein bisschen feige
Bedrohung; die gelebte

innere Verrohung. Einen
kleinen Feigling trinken?

Mundus vult decipi
Die Welt will betrogen
werden. Der Spruch
ist bekannt.
Es herrscht der Schein,
auch wenn dahinter
die Seele zerbröckelt.

Immerhin der Fonds
ist wieder um 10% oben;
der Betrug funktioniert
halt doch: ein Wert geht
hoch, der andere wird
verkauft.

Die Augen fallen mir zu --
schon wieder. Keiner darf
es sehen. Keiner es
bemerken. Ich weiß es
aber. Ich weiß es nur zu
gut.

Und welche Welt
erwartet uns, wenn
wir die Jalousien
zudrehen? Wenn das
Knie versagt und uns
krüppelig macht?

Wenn das Vertrauen
zerstört ist in die
eigene und fremde
Kraft. Wenn Hilfe
leer geworden

und der Glaube
ausgetrunken ist.

Aus den Lüftungs-
schächten kommt kalte
Luft. Verstehe das,
wer will. Ich nicht.
Kalt ist mir in
dieser kalten Welt.

COVID ist abgeschafft.
Der Tod ist abge-
schafft.
Die Lüge gestorben.
Das Leben sicher.

Der Tod vergessen.

In Frankreich nebelt
es. Dann kommt
Eis hinzu: Karambolage.
Die Gendarmerie ist
an Ort und Stelle: zu
spät, dennoch recht-
zeitig.

Zuhause falle ich gekonnt
auf die Klobrille: ich
sitze -- unverletzt;
dort verweile ich, bis ich
es mir anders überlege.

Ein jeder in seiner Blase;
alle gemeinsam am Platzen.
10 % haben 90 % des Rests
der anderen; 90 % haben 10 %
vom Rest der 10 %. Verteilung
unter Menschen. Mein voller
Magen merkt es nicht. Alle
Zahlen sind verfälschend.

Ich verweigere mich, erstarre
in lebender Katatonie. Der
Mutismus beflügelt meine
Worte. Ich habe mich losgelöst.

Eine Verbindung besteht nicht
mehr.

Gekonnt falle ich auf meine
Klobrille.

Die Nutten, die
Putzfrauen und
der Fremdenlegionär
-- Helden der Wirk-
lichkeit.

Man kennt sie, man
schaut weg. Man geht
hin, versteckt sich, ver-
gisst es. Spricht nur im
Rausch darüber und
dann im inneren Mono-
log. Man log. Ich verbog.

Er blutet. Der Chef ist
übergriffig. Sonst wäre
er nicht, was er zu sein
vorgibt. Der Schein schmerzt,
denn der Übergriff ist
wirklich, was er ist.

Die Putzfrauen beherrschen
das Gebäude. Niemand
weiß es. Sie wissen es nicht.
Die Führung weiß es nicht. Das
Gebäude wehrt sich dagegen.

Jeden Tag Schmutz, Dreck,
Schlacke, Auswurf, Konta-
mination. Einen Berg Müll –

abgetragen, vergessen,
aber stets wiederkehrend.

Die Fragezeichen stehen in
ihren Gesichtern; die Frage-
zeichen stehen in meinem
Gesicht. Antworten gibt es
nicht. Ich drehe mich um. Nur
noch meinen Rücken zeigend.

Ich will weg. Weiter weg.
In die Ruhe meiner selbst.
Die Calm-Music regt mich
auf. Nur die Stille und das
Abwesendsein verschaffen
mir Ruhe. Austausch heißt
Reibung. Beim Abreiben
verliere ich mich -- aber.

Die Nachrichten rasen an
meinen Augen vorbei. So
schnell kann ich nicht lesen.
Konnte ich nie lesen. Die
Jüngeren haben wohl

Implantate in den Augen.
Sie haben das gelernt.

Die NZZ nehme ich immer
noch am liebsten in die Hand.
Das Papier halte ich dann
noch mit Muskelkraft. Ein
Augenblick wird bei mir sehr

lang. Ich kann immer wieder
zurückkehren -- mit Muskel-
kraft.

Schwindelig im Weihnachts-
rausch.
Rauschig im
Weihnachtsschwindel.

Das Sodbrennen ist
in meinem Mund ange-
kommen. Meine alten
Notizblöcke blieben
stets halb voll; halb
leer wurden sie alt.

Jetzt nehme ich diese
Blöcke in die Hand.
Und erkenne: So vieles
habe ich vergessen,
so vieles will ich aber
auch nicht mehr wissen.

*Many hands make
light work* (NPR,
14. Mai 2013) -- fast
10 Jahre her. So steht
es da. So ist es richtig.
So vieles vergessen, so

vieles geahnt, so wenig
gewusst.

Meine Augen lächeln; da
steht es auf dem Papier.
Alte Lebensabschnitte.
Sie haben keine offenbare

Bedeutung mehr. Sie sind
vorbei. Nur noch auf dem
Papier erkennbar. Und da
bleiben sie: die alten
Lebensabschnitte.

Sprühstoß – *a dose to be
inhaled.* Die Notizblöcke
schlage ich zu -- es ist

gleichgültig.

Zugeschlagen strahlen
sie Frieden aus. Eine
tiefe Ordnung strömt aus

ihnen; in ihnen wurde
früheres Leben bezwungen.

Die Augen schließe ich. Wut
versuche ich
beiseitezuschieben.

Der Hohn ist lediglich
die Ohnmacht des Trägers
desselbigen. Wer höhnt,
verhöhnt sich selbst. Ein
staubiger Vampir mit
Pergamenthaut kurz vor
dem Abbrennen. Kurz ist
lang; lang dann mal kurz.

Die geschlossenen Notiz-
bücher bringen mir Frieden.
Zugeschlagen, zu Ende gebracht,
dem Vergessen anheimgefallen.

Ende, *fin, finito* -- aus. Weg!
Frieden.

Wie damals auf der
Kirmes, auf dem
Jahrmarkt -- voller
Erwartungen. Am Ende:
klebrige Finger, klebrige
Seele.

Eingang, Ausgang,
Eintritt, Austritt!
Nullstelle deiner Selbst.

Erwartungen, die nicht
in Erfüllung gingen. Ich
fand mich damit ab.
Es war mir irgendwann
gleichgültig. Gleichwert,

nullstellig.

Und heute war noch
die Müdigkeit von
gestern da. Doch
die helle Sonne und
die tausend Puzzel-
teile haben mir geholfen.

Es gibt noch Dinge zusammen-
zusetzen. Die wollen noch ein
Ganzes werden. Das Ver-
gessen ist meine stärkste
Waffe. Was nicht ist, kann
mich nicht bedrohen.

Hoffnungen, Illusionen, Trug-

bilder mache ich mir nicht mehr.

Das ist vorbei. Seit der letzten
Weihnachtsfeier. Wir Künstler
sind alles Egoisten. Bei den
Künstlerinnen ist es nicht viel
besser. Gut ist es auch nicht.

Die Bilder, die wir sehen, machen
uns blind, wenn wir es nicht
schon vorher waren. Blinde

Bilder für blinde Augen. Die
Wahrheit kennt niemand. Jeder
formt sie nach seiner eigenen
Blindheit.